AF216441

Impressum
Verlag: BABADADA GmbH, Nedderfeld 112 , 22529 Hamburg
Geschäftsführer / Verlagsleitung: Harald Hof
Druck: Books on Demand GmbH, In de Tarpen 42, 22848 Norderstedt

Imprint
Publisher: BABADADA GmbH, Nedderfeld 112 , 22529 Hamburg, Germany
Managing Director / Publishing direction: Harald Hof
Print: Books on Demand GmbH, In de Tarpen 42, 22848 Norderstedt, Germany

школа

escuela

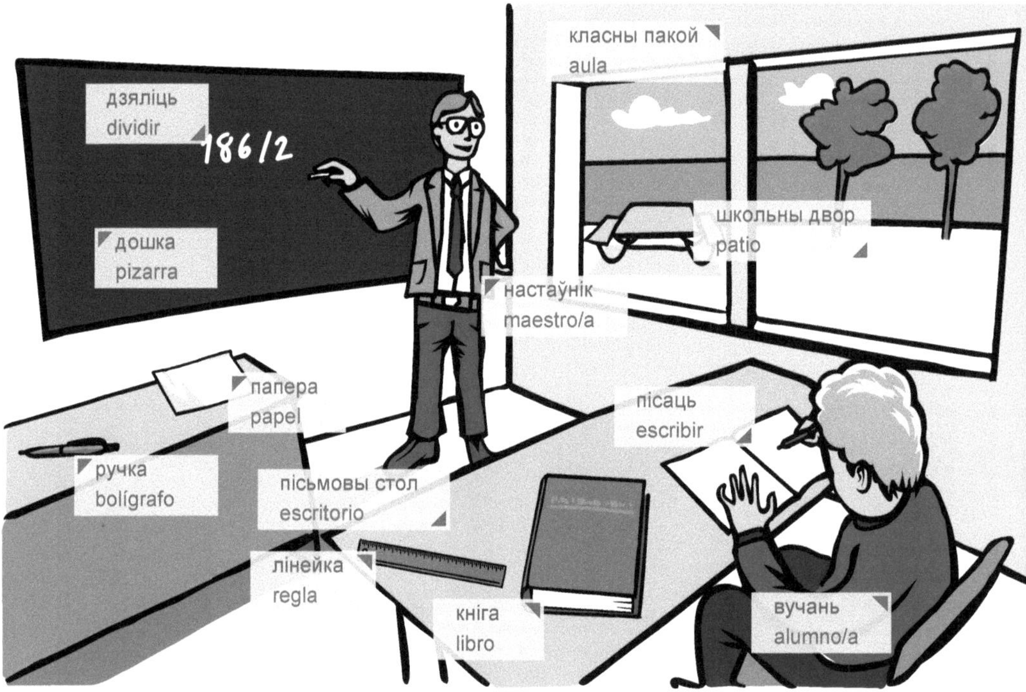

класны пакой
aula
дзяліць
dividir
186/2
дошка
pizarra
школьны двор
patio
настаўнік
maestro/a
папера
papel
пісаць
escribir
ручка
bolígrafo
пісьмовы стол
escritorio
лінейка
regla
кніга
libro
вучань
alumno/a

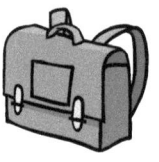

ранец

cartera

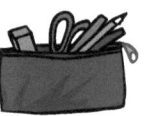

пенал

caja de lápices

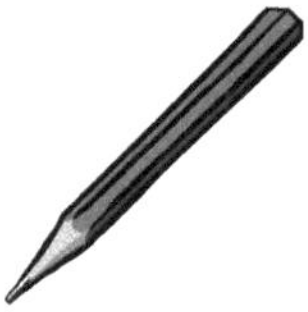

просты аловак

lápiz

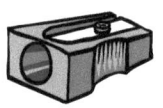

тачылка для алоўкаў

sacapuntas

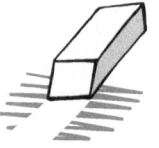

гумка

goma de borrar

альбом для малявання

cuaderno de dibujo

малюнак

dibujo

пэндзлік

pincel

фарбы

caja de pinturas

нажніцы

tijeras

клей

pegamento

сшытак

cuaderno de ejercicios

хатняе заданне

deberes

лік

número

дадаваць

sumar

адымаць

restar

множыць

multiplicar

лічыць

calcular

літара

letra

алфавіт

alfabeto

слова

palabra

тэкст
texto

чытаць
leer

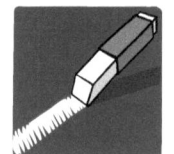

крэйда
tiza

ўрок
lección

класны журнал
cuaderno de notas

экзамен
examen

атэстат
certificado

школьная форма
uniforme escolar

адукацыя
educación

энцыклапедыя
enciclopedia

універсітэт
universidad

мікраскоп
microscopio

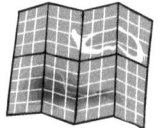

карта
mapa

смеццевы кошык
papelera

падарожжа
viaje

гатэль
hotel
Grand
хостэл
albergue
ROOMS
EXCHANGE
абменны пункт
oficina de cambio de divisas
чамадан
maleta
аўтамабіль
coche

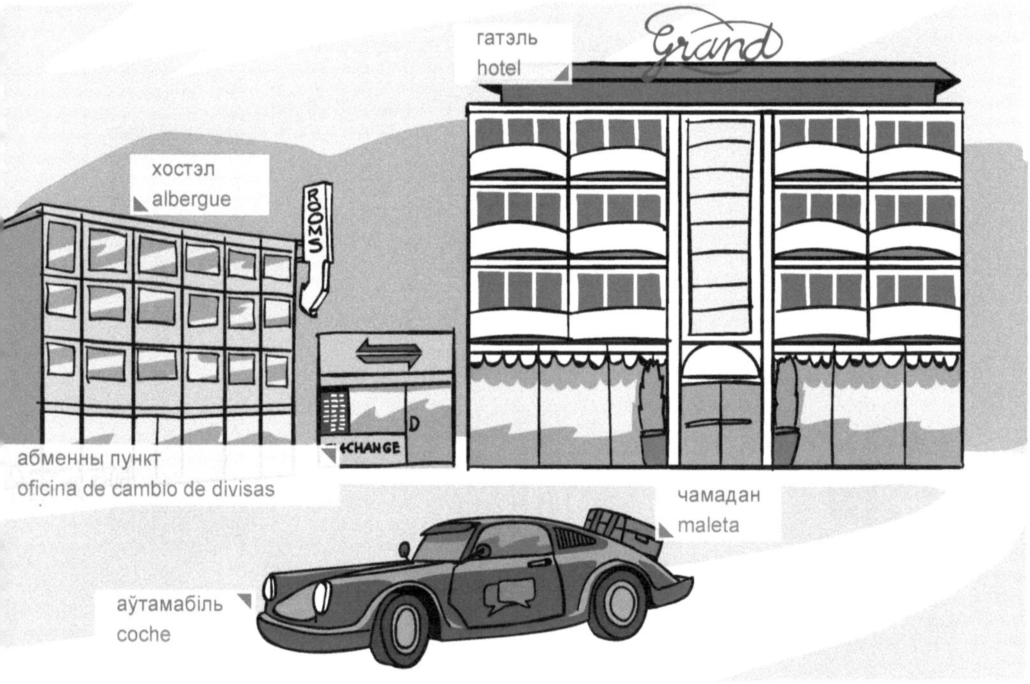

мова
idioma

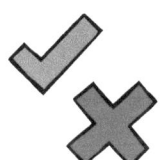

так / не
sí / no

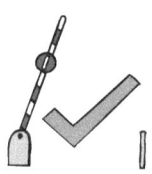

добра
Vale

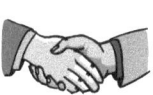

прывітанне!
hola

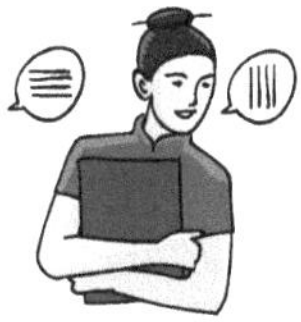

перакладчык
traductor

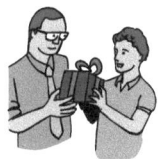

дзякуй
Gracias

Колькі каштуе....?

¿cuánto es...?

я не разумею

No entiendo

праблема

problema

Добры вечар!

¡Buenas tardes!

Добрай раніцы!

¡Buenos días!

Дабранач!

¡Buenas noches!

да пабачэння

adiós

кірунак

dirección

багаж

equipaje

сумка

bolsa

заплечнік

mochila

госць

invitado

пакой

habitación

спальны мяшок

saco de dormir

палатка

tienda de campaña

інфармацыя для турыстаў

información turística

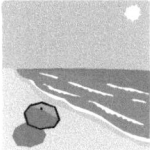

пляж

playa

крэдытная картка

tarjeta de crédito

снеданне

desayuno

абед

almuerzo

вячэра

cena

праязны білет

billete

ліфт

ascensor

паштовая марка

sello

мяжа

frontera

мытня

aduana

пасольства

embajada

віза

visa

пашпарт

pasaporte

транспарт
transporte

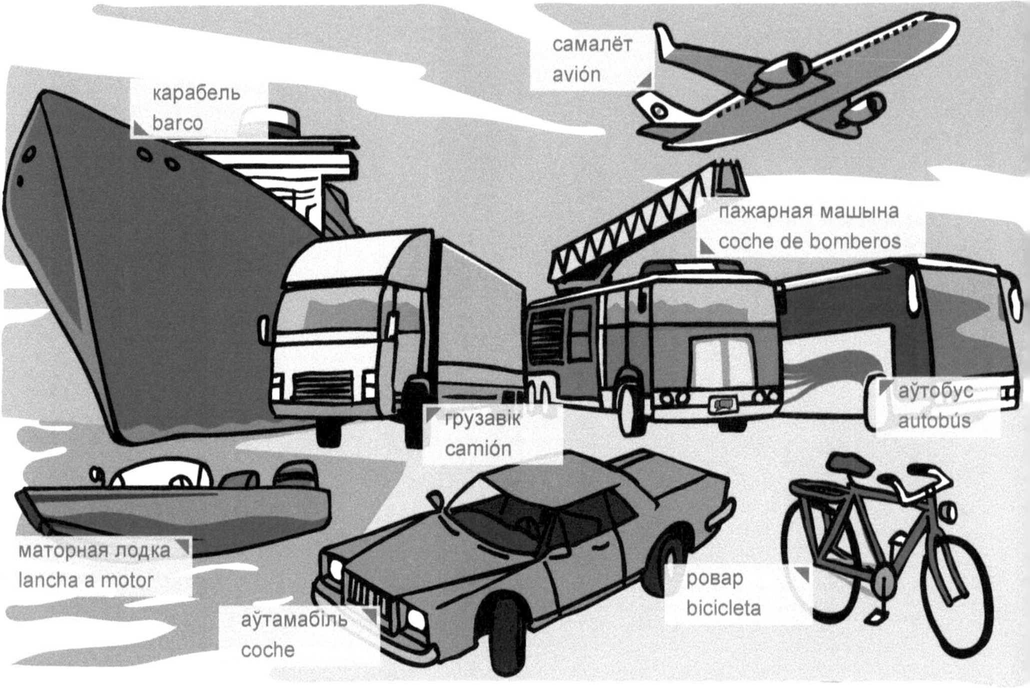

самалёт
avión
карабель
barco
пажарная машына
coche de bomberos
аўтобус
autobús
грузавік
camión
маторная лодка
lancha a motor
ровар
bicicleta
аўтамабіль
coche

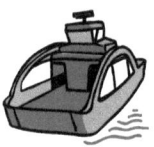

паром
transbordador

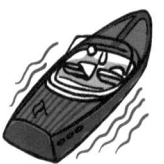

лодка
barca

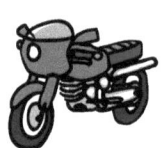

матацыкл
moto

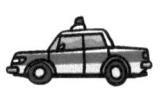

паліцэйская машына
coche de policía

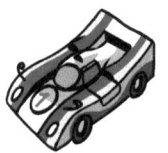

гоначны аўтамабіль
coche de carreras

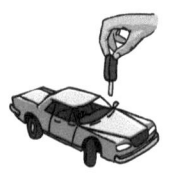

арэндаваны аўтамабіль
coche de alquiler

сумеснае карыстанне
аўтамабілем

préstamo de vehículos

эвакуатар

grúa

смеццявоз

camión de la basura

матор

motor

паліва

gasolina

запраўка

gasolinera

дарожны знак

señal de tráfico

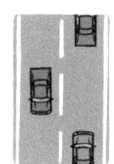

дарожны рух

tráfico

затор

atasco

паркоўка

aparcamiento

чыгуначная станцыя

estación de tren

рэйкі

vías

цягнік

tren

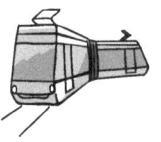

трамвай

tranvía

вагон

vagón

верталёт

helicóptero

аэрапорт

aeropuerto

вежа

torre

пасажыр

pasajero

кантэйнер

contenedor

кардонная скрыня

caja de cartón

тачка

carretilla

карзіна

cesta

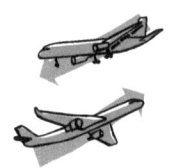

ўзлятаць / прызямляцца

despegar / aterrizar

горад
ciudad

вёска

pueblo

цэнтр горада

centro de ciudad

дом

casa

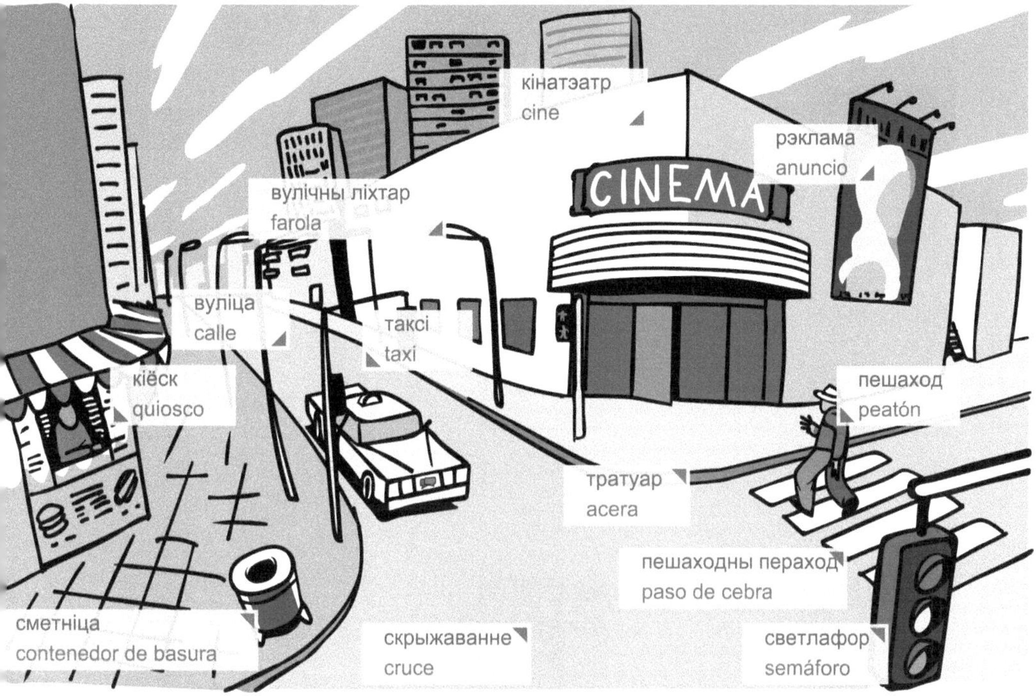

кінатэатр
cine

рэклама
anuncio

вулічны ліхтар
farola

CINEMA

вуліца
calle

таксі
taxi

кіёск
quiosco

пешаход
peatón

тратуар
acera

пешаходны пераход
paso de cebra

сметніца
contenedor de basura

скрыжаванне
cruce

светлафор
semáforo

халупа

cabaña

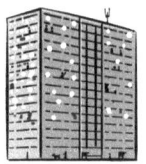

кватэра

apartamento

чыгуначная станцыя

estación de tren

ратуша

ayuntamiento

музей

museo

школа

escuela

горад - ciudad

універсітэт

universidad

банк

banco

шпіталь

hospital

гатэль

hotel

аптэка

farmacia

офіс

oficina

кнігарня

librería

крама

tienda

кветкавая крама

floristería

супермаркет

supermercado

кірмаш

mercado

універмаг

grandes almacenes

рыбная крама

pescadería

гандлевы цэнтр

centro comercial

порт

puerto

парк

parque

лава

banco

мост

puente

лесвіца

escaleras

метро

metro

тунэль

túnel

прыпынак

parada de autobús

бар

bar

рэстаран

restaurante

паштовая скрыня

buzón

вулічны паказальнік

poste indicador

паркамат

parquímetro

заапарк

zoo

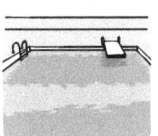

басейн

piscina

мячэць

mezquita

сядзіба

granja

забруджванне
навакольнага асяроддзя

contaminación

могілкі

cementerio

царква

iglesia

пляцоўка для гульні

patio de juego

храм

templo

краявід

paisaje

ліст
hoja

паказальнік
señal

дарога
camino

луг
prado

камень
piedra

падарожнік
excursionista

дрэва
árbol

рака
río

трава
hierba

кветка
flor

даліна

valle

гара

colina

возера

lago

лес

bosque

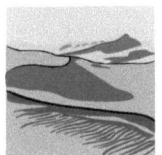

пустыня

desierto

вулкан

volcán

замак

castillo

вясёлка

arcoíris

грыб

champiñón

пальма

palmera

камар

mosquito

муха

mosca

мурашка

hormiga

пчала

abeja

павук

araña

жук

escarabajo

жаба

rana

вавёрка

ardilla

вожык

erizo

заяц

liebre

сава

lechuza

птушка

pájaro

лебедзь

cisne

дзік

jabalí

алень

ciervo

лось

alce

плаціна

presa

вятрак

turbina eólica

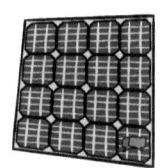

сонечная батарэя

panel solar

клімат

clima

рэстаран
restaurante

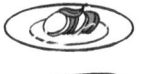

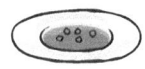

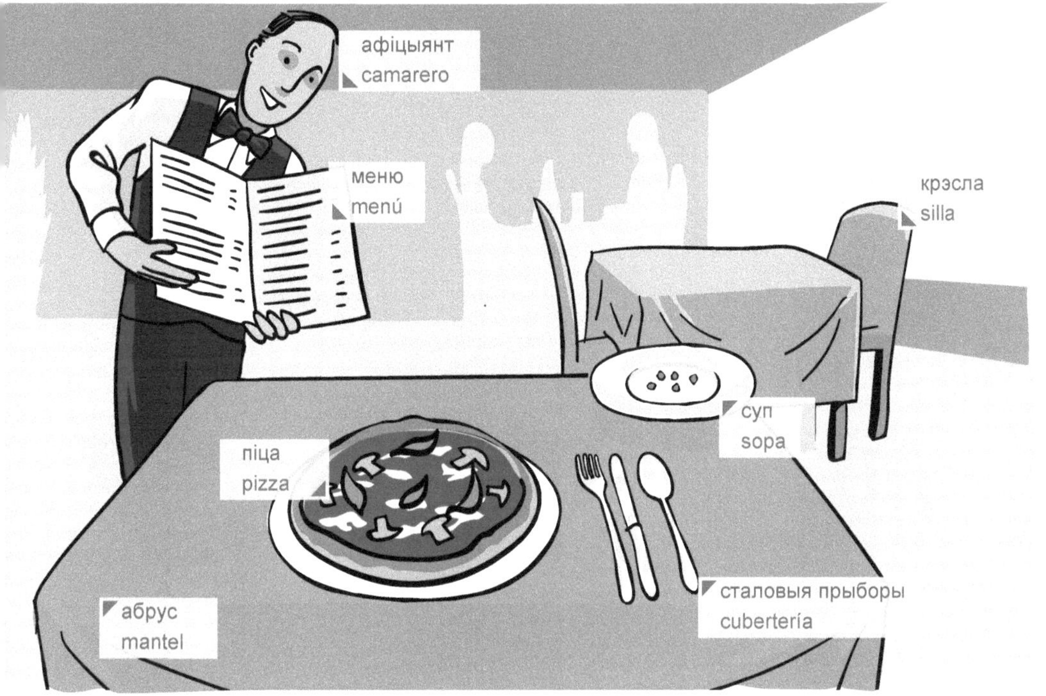

афіцыянт
camarero
меню
menú
крэсла
silla
суп
sopa
піца
pizza
сталовыя прыборы
cubertería
абрус
mantel

закуска
primer plato

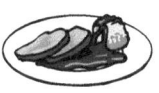

другая страва
plato principal

дэсерт
postre

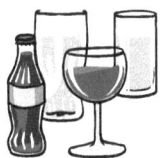

напоі
bebidas

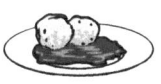

ежа
comida

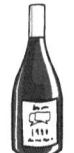

бутэлька
botella

хуткае харчаванне (фаст-фуд)

comida rápida

стрыт-фуд

comida callejera

імбрык (чайнік)

tetera

цукарніца

azucarero

порцыя

porción

эспрэса-машына

cafetera expreso

дзіцячае крэселка

trona

рахунак

cuenta

паднос

bandeja

нож

cuchillo

відэлец

tenedor

лыжка

cuchara

чайная лыжка

cucharilla

сурвэтка

servilleta

шклянка

vaso

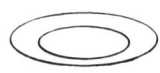

талерка

plato

супавая талерка

plato hondo

сподак

platillo

соус

salsa

сальніца

salero

млынок для перцу

molinillo de pimienta

воцат

vinagre

алей

aceite

спецыі

especias

кетчуп

ketchup

гарчыца

mostaza

маянэз

mayonesa

супермаркет
supermercado

акцыя
oferta especial
FOR
пакупнік
cliente
малочныя прадукты
lácteos
садавіна
fruta
вазок
carro de la compra

BUTCHERS

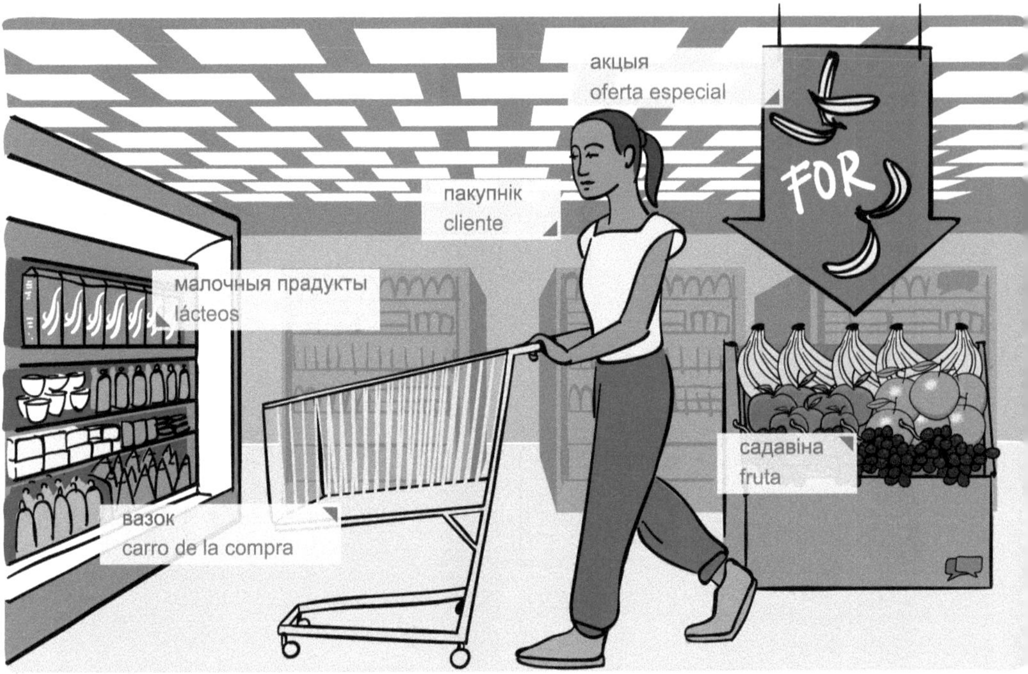

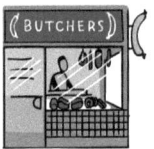

мясная крама

carnicería

BAKERY

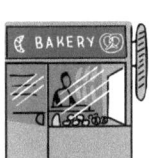

хлебны магазін

panadería

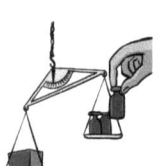

важыць

pesar

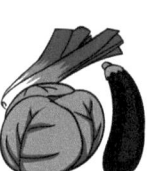

гароднiна

verduras

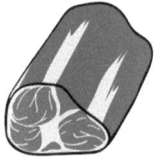

мяса

carne

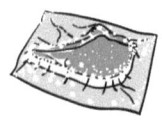

свежазамарожаныя прадукты

alimentos congelados

нарэзка

fiambres

кансервы

conservas

пральны парашок

detergente en polvo

прысмакі

dulces

хатнія прылады

productos de uso doméstico

чысцячы сродак

productos de limpieza

прадавец

vendedora

каса

caja

касір

cajero

спіс пакупак

lista de la compra

гадзіны працы

horario de atención al público

бумажнік

cartera

крэдытная картка

tarjeta de crédito

сумка

bolsa

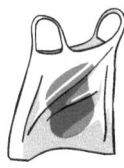

пакет

bolsa de plástico

вада

agua

сок

zumo

малако

leche

кола

cola

віно

vino

піва

cerveza

алкаголь

alcohol

какава

cacao

гарбата (чай)

té

кава

café

эспрэса

expreso

капучына

capuchino

банан

plátano

яблык

manzana

апельсін

naranja

дыня

melón

лімон

limón

морква

zanahoria

часнок

ajo

бамбук

bambú

цыбуля

cebolla

грыб

champiñón

арэхі

avellanas

локшына

fideos

спагеці

espagueti

рыс

arroz

салата

ensalada

бульба фры

patatas fritas

смажаная бульба

patatas fritas

піца

pizza

гамбургер

hamburguesa

бутэрброд

sándwich

шніцаль

filete

вяндліна

jamón

салямі

salami

каўбаса

salchicha

курыца

pollo

смажаніна

asado

рыбак

pescado

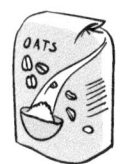

аўсяныя камякі

copos de avena

мюслі

muesli

кукурузныя шматкі

copos de maíz

мука

harina

круасан

cruasán

булачка

panecillo

хлеб

pan

тост

tostada

пячэнне

galletas

масла

mantequilla

тварог

cuajada

пірог

pastel

яйка

huevo

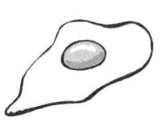

яечня

huevo frito

сыр

queso

марожанае

helado

цукар

azúcar

мёд

miel

варэнне

mermelada

нуга

crema de turrón

кары

curry

ежа - comida

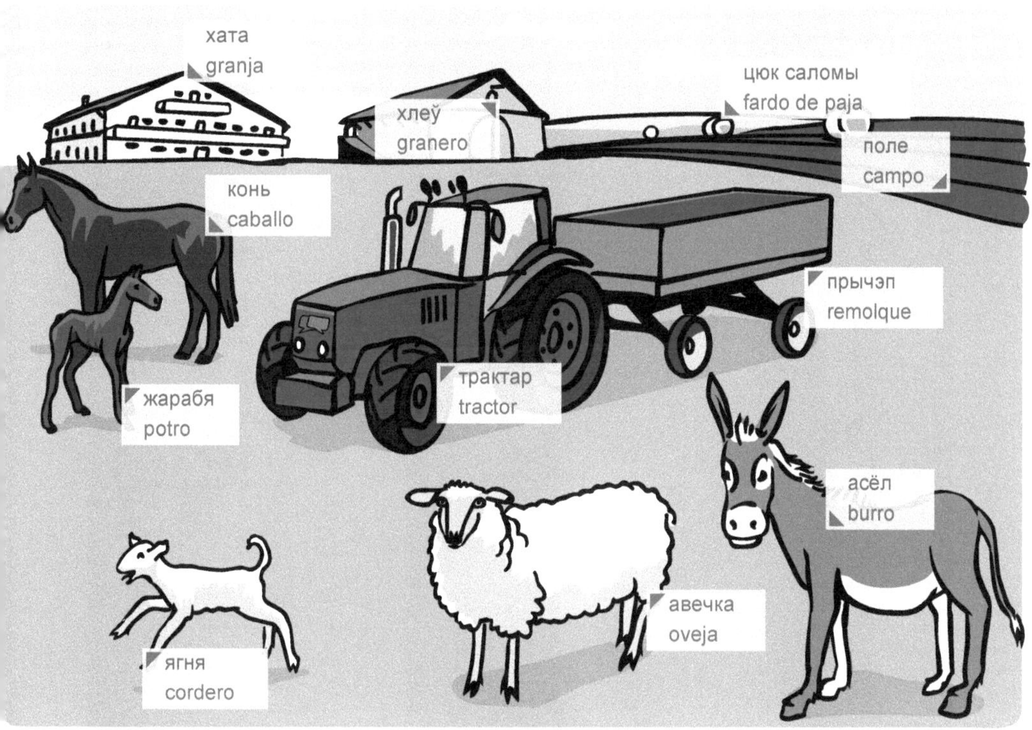

хата
granja

хлеў
granero

цюк саломы
fardo de paja

поле
campo

конь
caballo

прычэп
remolque

жарабя
potro

трактар
tractor

асёл
burro

ягня
cordero

авечка
oveja

каза

cabra

карова

vaca

цяля

ternero

свіння

cerdo

парася

cerdito

бык

toro

гусак

ganso

качка

pato

кураня

pollo

курыца

gallina

певень

gallo

пацук

rata

кот

gato

мыш

ratón

вол

buey

сабака

perro

сабачая будка

perrera

садовы шланг

manguera

палівачка

regadera

каса

guadaña

плуг

arado

серп

hoz

матыка

azada

вілы для гною

horca

сякера

hacha

тачка

carretilla

карыта

abrevadero

бітон для малака

lechera

мех

saco

плот

valla

хлеў

establo

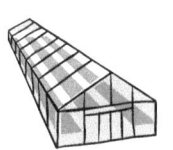

цяпліца

invernadero

глеба

suelo

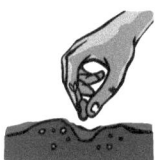

насенне

semilla

угнаенне

fertilizador

камбайн

cosechadora

збіраць ураджай

cosechar

ураджай

cosecha

ямс

ñame

пшаніца

trigo

соя

soja

бульба

patata

кукуруза

maíz

рапс

semilla de colza

садовае дрэва

árbol frutal

маніёк

mandioca

збожжа

cereales

дом

casa

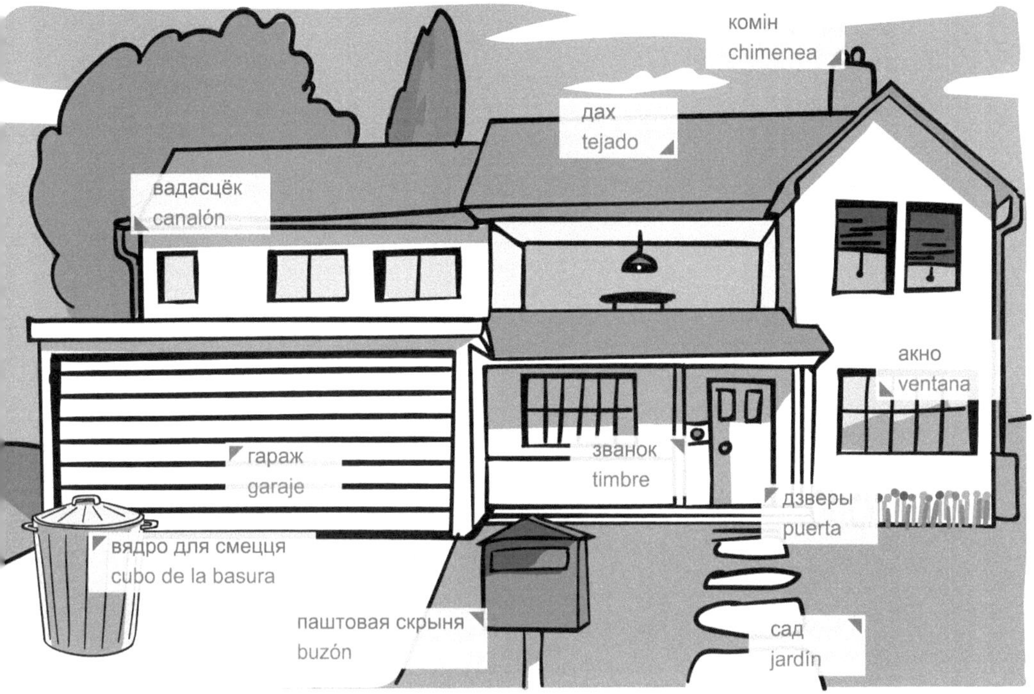

комін
chimenea
дах
tejado
вадасцёк
canalón
акно
ventana
гараж
garaje
званок
timbre
дзверы
puerta
вядро для смецця
cubo de la basura
паштовая скрыня
buzón
сад
jardín

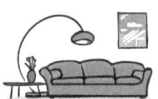

жылы пакой

sala

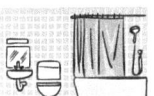

ванная

cuarto de baño

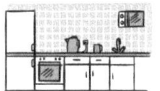

кухня

cocina

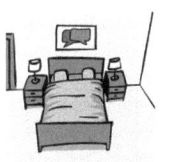

спальны пакой

dormitorio

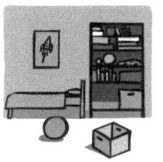

дзіцячы пакой

habitación de los niños

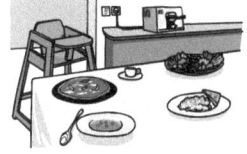

сталоўка

comedor

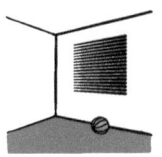

падлога

suelo

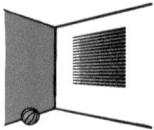

сцяна

pared

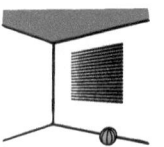

столь

techo

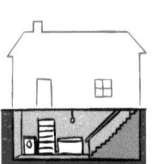

падвал

sótano

саўна

sauna

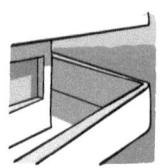

балкон

balcón

тэраса

terraza

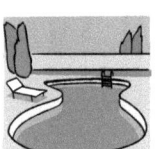

басейн

piscina

касілка

cortacésped

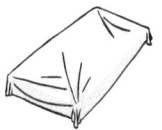

падкоўдранік

sábana

коўдра

colcha

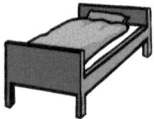

ложак

cama

венік

escoba

вядро

balde

выключальнік

interruptor

жылы пакой

sala

шпалеры
papel pintado
малюнак
imagen
лямпа
lámpara
паліца
estante
шафа
armario
тэлевізар
televisión
камін
chimenea
кветка
flor
падушка
cojín
канапа
sofá
ваза
jarrón
пульт
mando a distancia

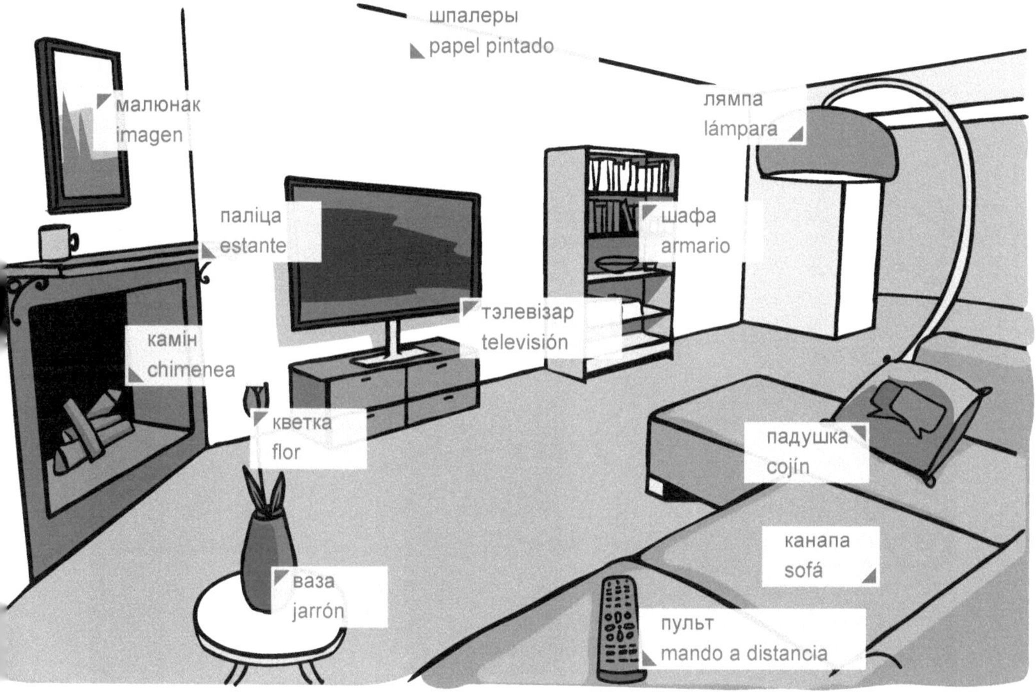

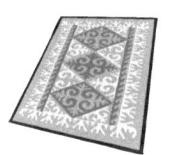

дыван

alfombra

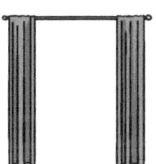

фіранка

cortina

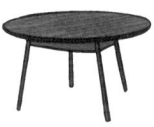

стол

mesa

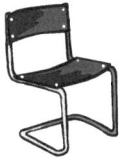

крэсла

silla

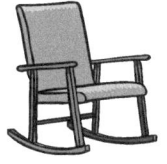

крэсла-качалка

mecedora

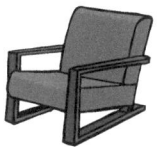

крэсла

butaca

кніга

libro

коўдра

manta

дэкарацыя

decoración

дровы

leña

кіно

película

стэрэасістэма

equipo de música

ключ

llave

газета

periódico

карціна

pintura

постар

póster

радыё

radio

нататнік

cuaderno

пыласос

aspiradora

кактус

cactus

свечка

vela

кухня
cocina

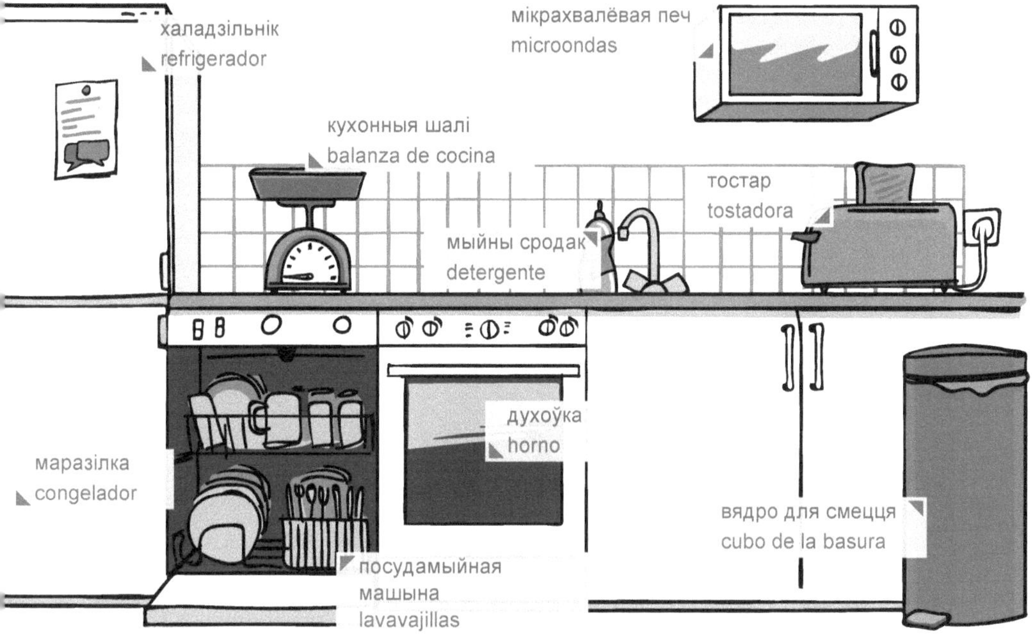

халадзільнік
refrigerador
мікрахвалёвая печ
microondas
кухонныя шалі
balanza de cocina
тостар
tostadora
мыйны сродак
detergente
духоўка
horno
маразілка
congelador
вядро для смецця
cubo de la basura
посудамыйная
машына
lavavajillas

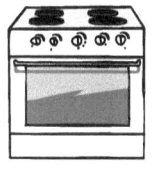

пліта

olla a presión

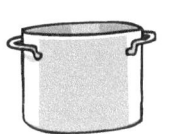

рондаль

olla

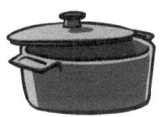

чыгунок

olla de hierro fundido

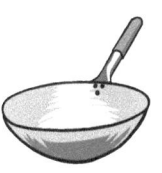

Вок / кадаі

wok / karahi

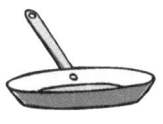

патэльня

cazuela

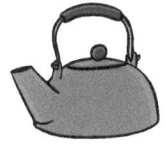

чайнік

hervidor

параварка

vaporera

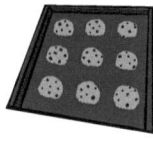

бляха

chapa de horno

посуд

vajilla

кубак

taza

міска

tazón

палачкі для ежы

palillos

чарпак

cucharón

лапатачка

espumadera

збівалка

batidor

сіта для варэння

colador

сіта

cedazo

тарка

rallador

ступка

mortero

грыль

barbacoa

вогнішча

hoguera

дошка

tabla de picar

качалка

rodillo

штопар

sacacorchos

бляшанка

lata

адкрывалка

abrelatas

прыхваткі

agarrador

ракавіна

lavabo

шчотка

cepillo

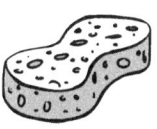

губка

esponja

міксер

batidora

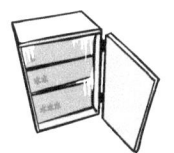

маразільная камера

congelador

бутэлечка

biberón

вадаправодны кран

grifo

ванная
cuarto de baño

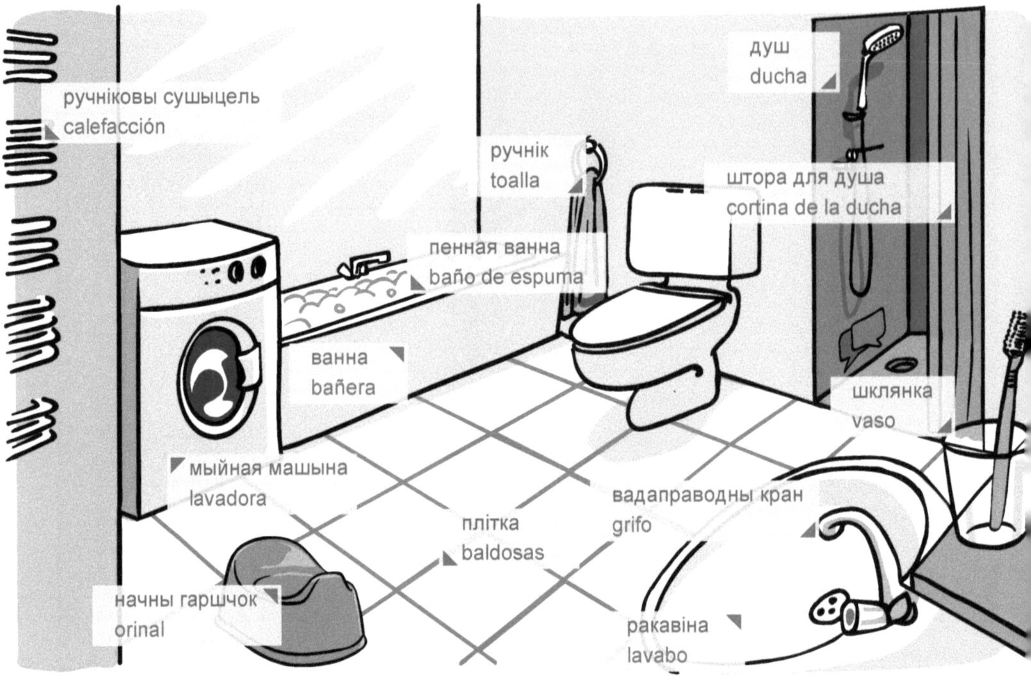

ручніковы сушыцель
calefacción
ручнік
toalla
душ
ducha
штора для душа
cortina de la ducha
пенная ванна
baño de espuma
ванна
bañera
шклянка
vaso
мыйная машына
lavadora
вадаправодны кран
grifo
плітка
baldosas
начны гаршчок
orinal
ракавіна
lavabo

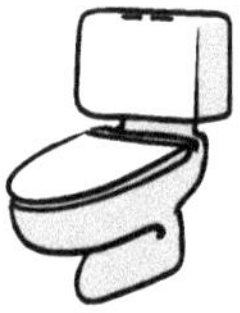

туалет
inodoro

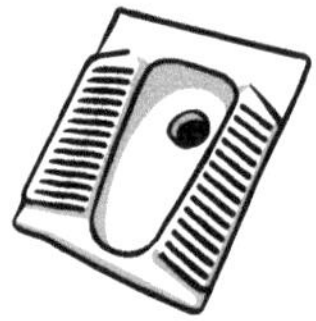

падлогавы ўнітаз
inodoro rústico

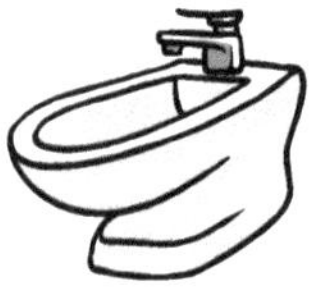

бідэ
bidé

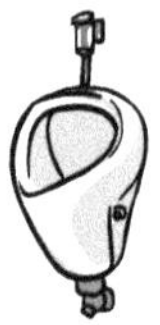

пісуар
urinario

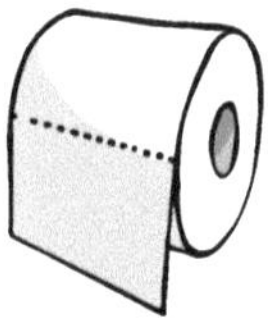

туалетная папера
papel higiénico

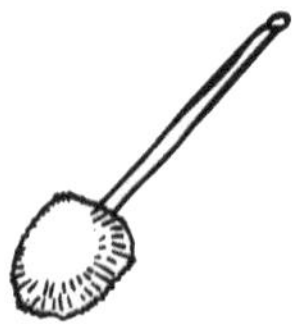

шчотка для чысткі ўнітаза
escobilla del váter

зубная шчотка

cepillo de dientes

зубная паста

pasta de dientes

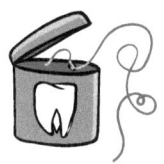

зубная нітка

hilo dental

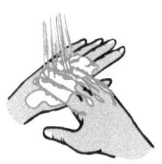

мыць

lavar

ручны душ

ducha de mano

інтымны душ

ducha íntima

умывальнік

pila

шчотка для спіны

cepillo de espalda

мыла

jabón

гель для душа

gel de ducha

шампунь

champú

вяхотка

toallita

вадасцёк

desagüe

крэм

crema

дэзадарант

desodorante

люстэрка

espejo

касметычнае люстэрка

espejo de tocador

станок для галення

maquinilla de afeitar

пена для галення

espuma de afeitar

ласьён пасля галення

loción postafeitado

грэбень

peine

шчотка

cepillo

фен

secador

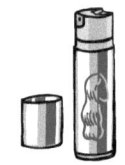

лак для валасоў

laca

касметыка

maquillaje

памада

pintalabios

лак для пазногцяў

pintauñas

вата

algodón

манікюрныя нажніцы

cortauñas

духі

perfume

касметычка

estuche de viaje

табурэтка

banqueta

вагі

balanza

лазневы халат

albornoz

санітарныя пальчаткі

guantes de goma

тампон

tampón

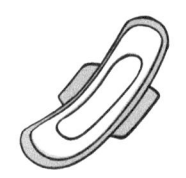

гігіенічныя пракладкі

compresa

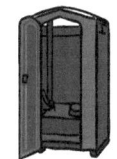

біятуалет

inodoro químico

дзіцячы пакой
habitación de los niños

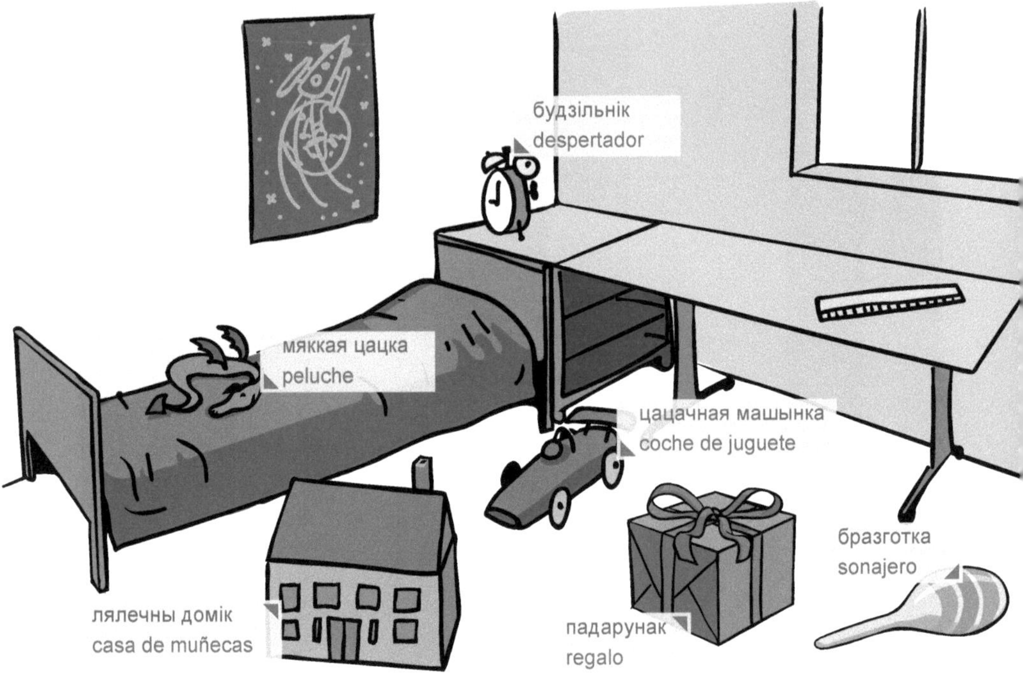

будзільнік
despertador
мяккая цацка
peluche
цацачная машынка
coche de juguete
бразготка
sonajero
лялечны домік
casa de muñecas
падарунак
regalo

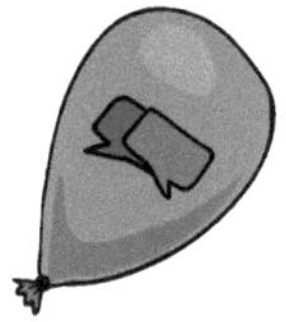

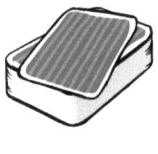

надзіманы шарык
globo

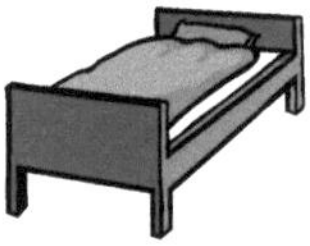

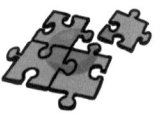

ложак
cama

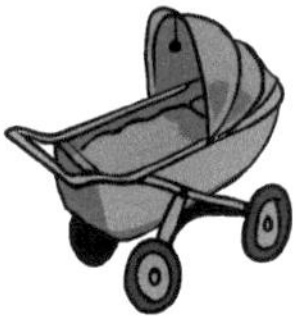

дзіцячая каляска
coche de niño

калода картаў
naipes

пазл
puzle

SUPER
MEGA

комікс
tebeo

канструктар "Лега"

piezas de lego

канструктар

bloques de juguete

экшэн-фігурка

figura de acción

дзіцячы гарнітур

bodi (de bebé)

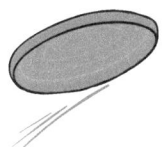

фрызбі

frisbee

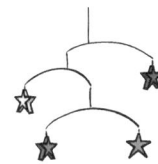

дзіцячы мабіль

colgador móvil para bebés

настольная гульня

juego de mesa

кубік

dados

дзіцячая чыгунка

circuito de tren eléctrico

пустышка

maniquí

дзіцячае свята

fiesta

кніга з малюнкамі

álbum de fotos

мячык

pelota

лялька

muñeca

гуляцца

jugar

пясочніца

cajón de arena

арэлі

columpio

цацкі

juguetes

гульнявая відэа прыстаўка

videoconsola

трохколавы ровар

triciclo

плюшавы мішка

oso de peluche

шафа

guardarropa

адзенне
ropa

шкарпэткі

calcetines

панчохі

medias

калготкі

leotardos

шалік
bufanda

парасон
paraguas

цішотка
camiseta

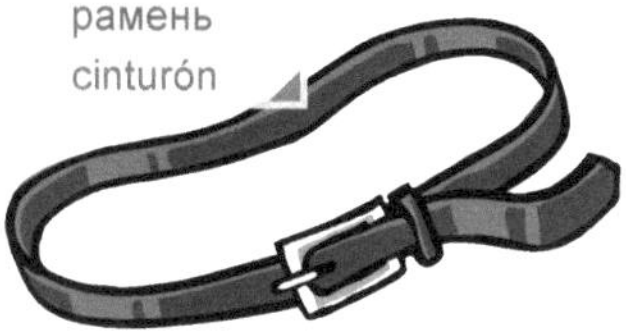

рамень
cinturón

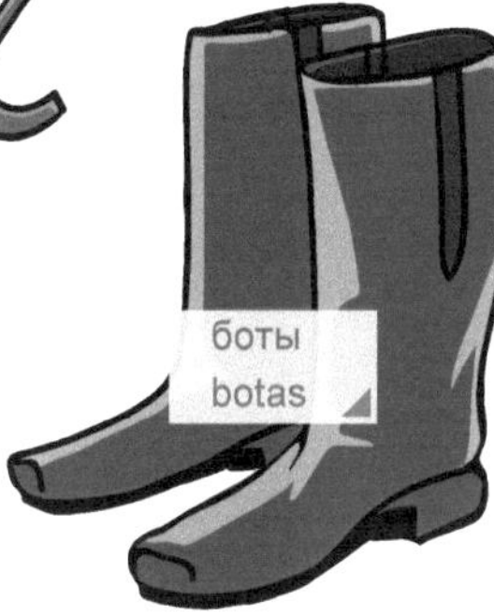

боты
botas

пантоплі
zapatillas

красоўкі
deportivas

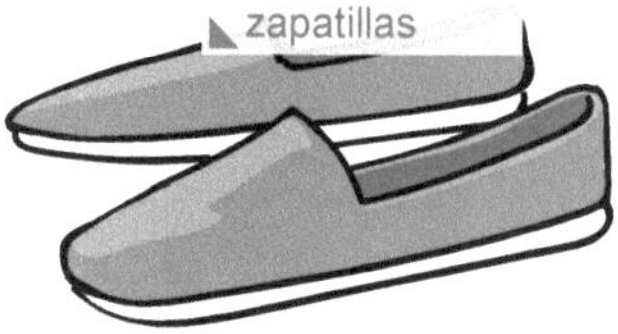

сандалі
sandalias

абутак
zapatos

гумовыя боты
botas de goma

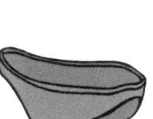

трусы
slip

бюстгальтар
sostén

майка
chaleco

бодзі
bodi

штаны
pantalones

джынсы
vaqueros

спадніца
falda

блузка
blusa

кашуля
camisa

джэмпер
jersey

талстоўка
suéter

блэйзер
blazer

куртка
chaqueta

паліто
abrigo

дажджавік
gabardina

касцюм
traje

сукенка
vestido

вясельная сукенка
vestido de novia

касцюм

traje

начная сарочка

camisón

піжама

pijama

сары

sari

хустка

bandana

цюрбан

turbante

паранджа

burka

каптан

caftán

Абая

abaya

купальнік

traje de baño

плаўкі

bañador

шорты

pantalones cortos

спартыўны касцюм

chándal

фартух

delantal

пальчаткі

guantes

гузік
botón

акуляры
gafas

бранзалет
brazalete

каралі
collar

кальцо
anillo

завушніца
pendiente

кепка
gorra

вешалка
percha

капялюш
sombrero

гальштук
corbata

маланка
cremallera

шлем
casco

падцяжкі
tirantes

школьная форма
uniforme escolar

уніформа
uniforme

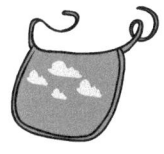

нагруднік

babero

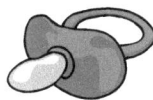

пустышка

maniquí

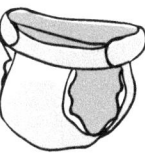

падгузнік

pañal

офіс

oficina

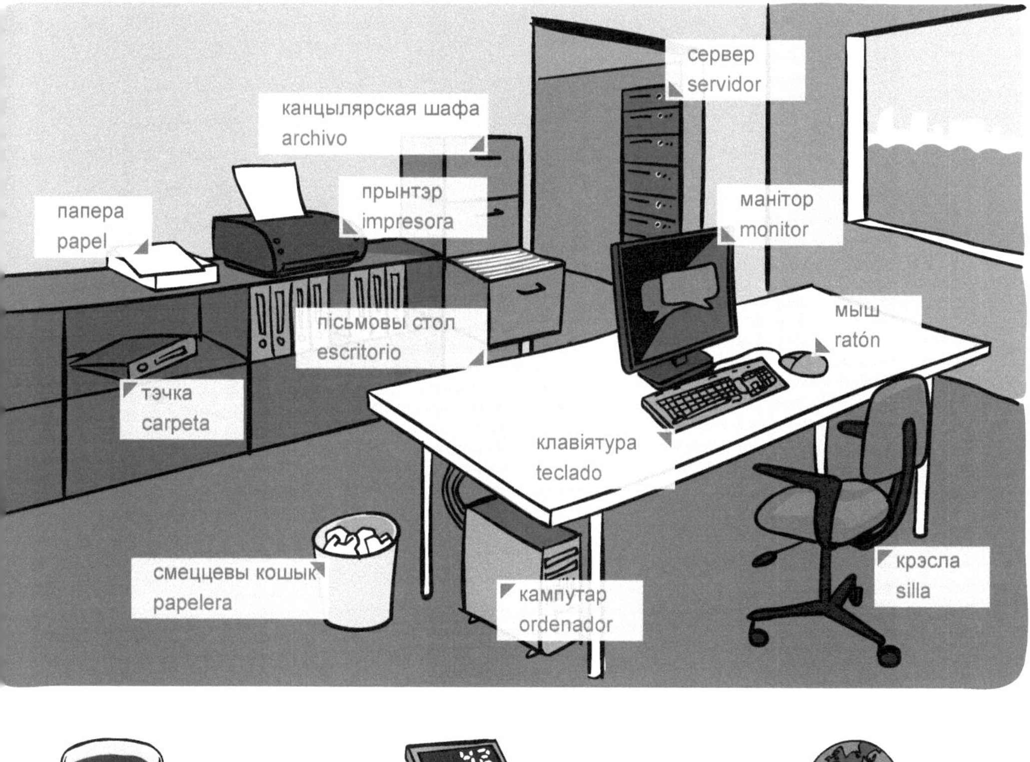

сервер
servidor
канцылярская шафа
archivo
прынтэр
impresora
папера
papel
манітор
monitor
пісьмовы стол
escritorio
мыш
ratón
тэчка
carpeta
клавіятура
teclado
смеццевы кошык
papelera
кампутар
ordenador
крэсла
silla

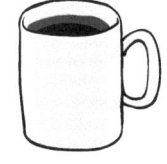

кубак для кавы (філіжанка)

taza de café

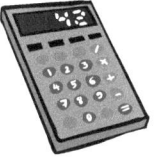

калькулятар

calculadora

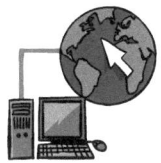

інтэрнэт

internet

ноўтбук

portátil

ліст

carta

паведамленне

mensaje

мабільны тэлефон

móvil

сетка

red

ксеракс

fotocopiadora

праграмнае забеспячэнне

software

тэлефон

teléfono

разетка

toma de corriente

факс

fax

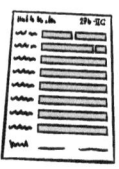

фармуляр

formulario

дакумент

documento

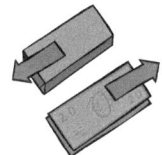

купляць

comprar

плаціць

pagar

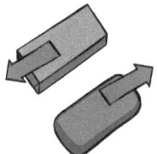

гандляваць

comerciar

грошы

dinero

долар

dólar

еўра

euro

ена

yen

рубель

rublo

франк

franco suizo

кітайскі юань

renminbi yuan

рупія

rupia

банкамат

cajero automático

абменны пункт

oficina de cambio de divisas

золата

oro

срэбра

plata

нафта

petróleo

энергія

energía

цана

precio

кантракт

contrato

падатак

impuesto

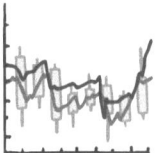

акцыя

acción

працаваць

trabajar

служачы

empleado

працадаўца

empleador

фабрыка

fábrica

крама

tienda

прафесіі
oficios

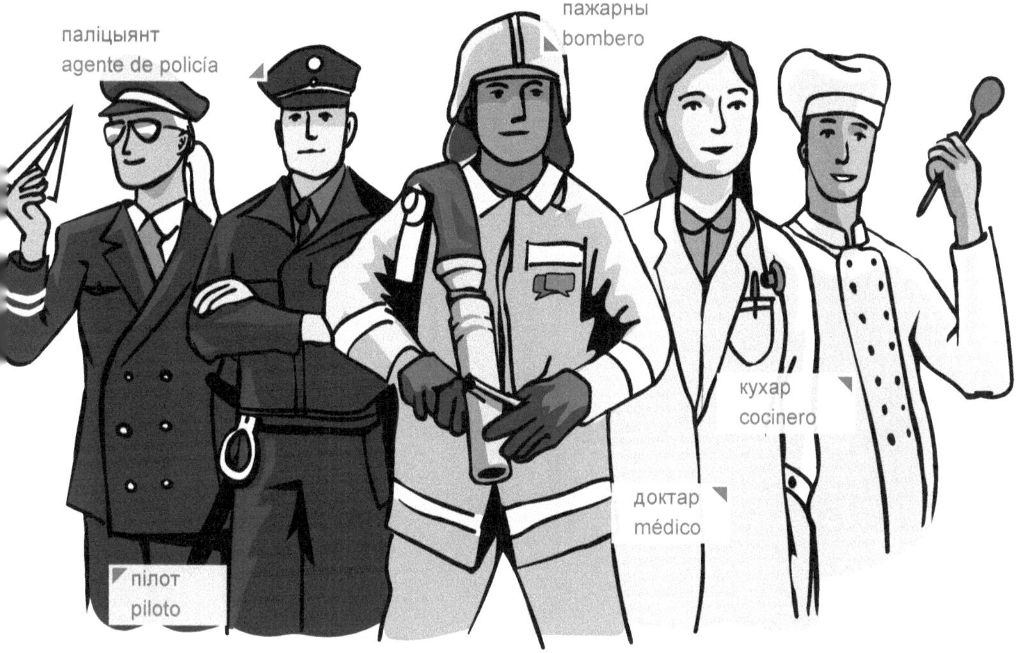
паліцыянт
agente de policía
пажарны
bombero
кухар
cocinero
доктар
médico
пілот
piloto

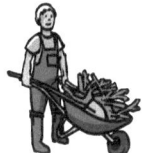

садоўнік

jardinero

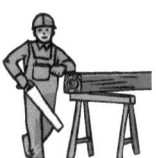

слесар

carpintero

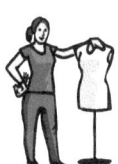

швачка

costurera

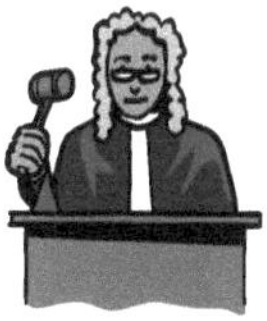

суддзя

juez

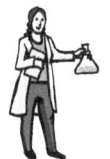

хімік

farmacéutico

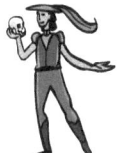

артыст

actor

кіроўца аўтобуса

conductor de autobús

таксіст

taxista

рыбак

pescador

прыбіральшчыца

señora de la limpieza

страхар

techador

афіцыянт

camarero

паляўнічы

cazador

мастак

pintor

пекар

panadero

электрык

electricista

будаўнік

obrero

інжынер

ingeniero

мяснік

carnicero

сантэхнік

fontanero

паштальён

cartero

салдат

soldado

архітэктар

arquitecto

касір

cajero

фларыст

florista

цырульнік

peluquero

кандуктар

revisor

механік

mecánico

капітан

capitán

стаматолаг

dentista

вучоны

científico

рабін

rabino

імам

imán

манах

monje

святар

sacerdote

інструменты
herramientas

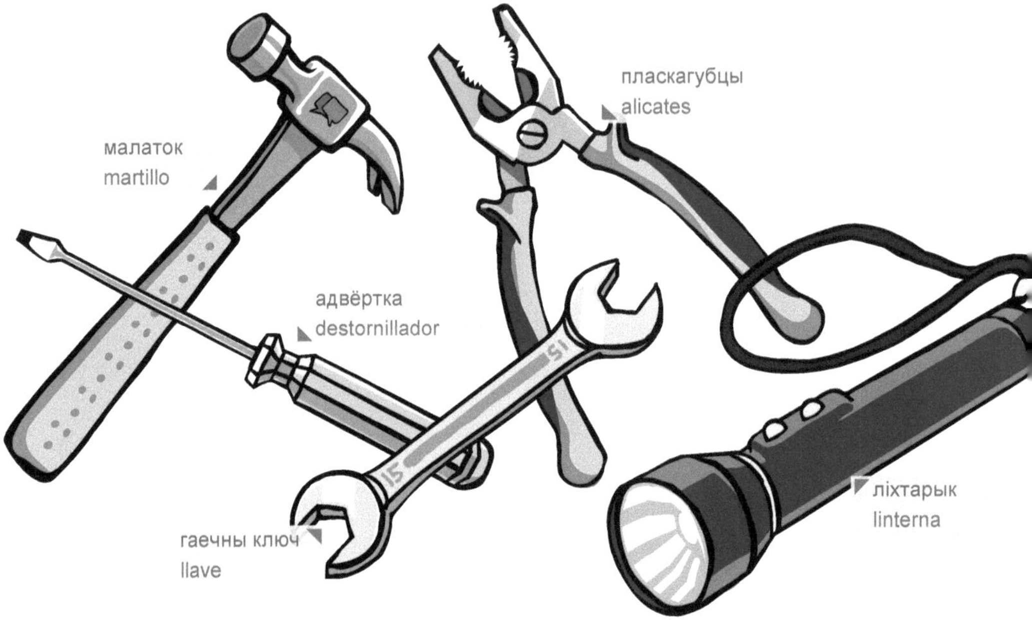

пласкагубцы
alicates
малаток
martillo
адвёртка
destornillador
ліхтарык
linterna
гаечны ключ
llave

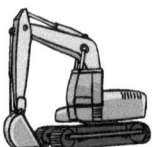

экскаватар

excavadora

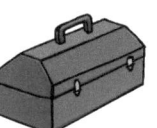

скрыня для інструментаў

caja de herramientas

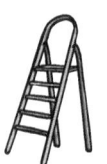

дравіны

escalera de mano

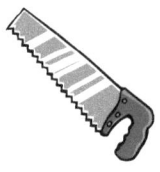

піла

sierra

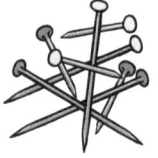

цвікі

clavos

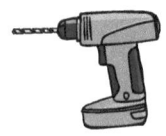

дрыль

taladro

рамантаваць

reparar

рыдлеўка

pala

Халера!

¡Maldita sea!

шуфлік для смецця

recogedor

вядро з фарбаю

bote de pintura

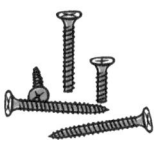

балты

tornillos

музычныя інструменты
instrumentos musicales

калонкі
altavoz

ударны інструмент
batería

гітара
guitarra

кантрабас
contrabajo

труба
trompeta

піянінa

piano

скрыпка

violín

басгітара

bajo

літаўры

timbales

барабан

tambor

клавішны электрамузычны
інструмент

teclado

саксафон

saxofón

флейта

flauta

мікрафон

micrófono

заапарк

zoo

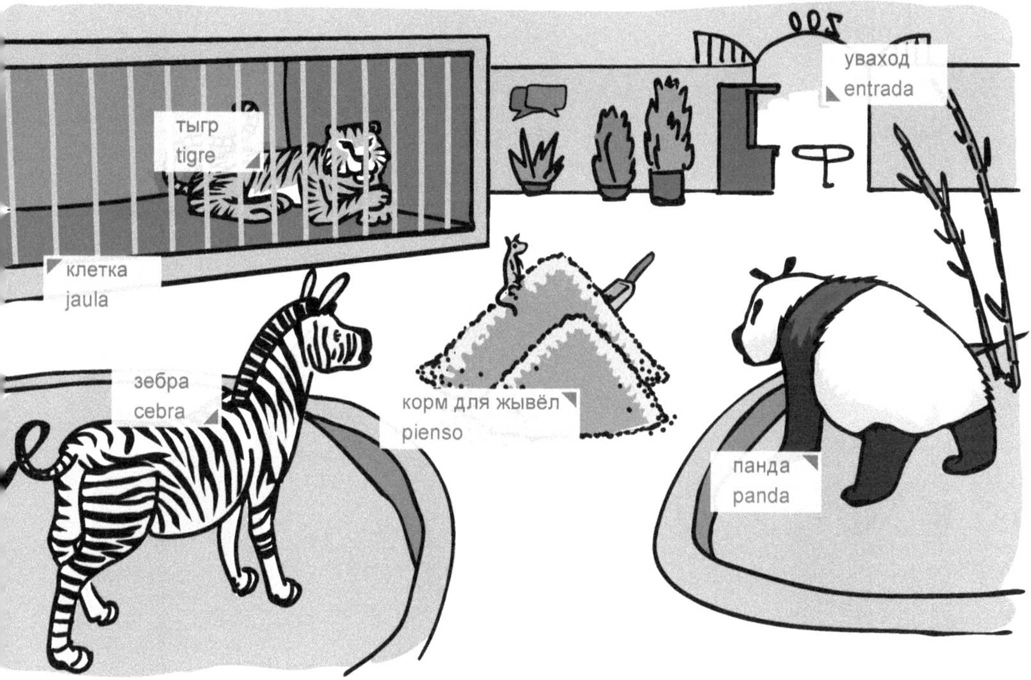
zoo
уваход
entrada
тыгр
tigre
клетка
jaula
зебра
cebra
корм для жывёл
pienso
панда
panda

жывёлы

animales

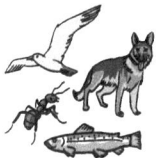

слон

elefante

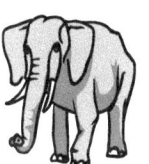

кенгуру

canguro

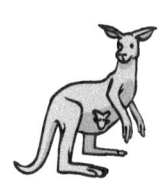

насарог

rinoceronte

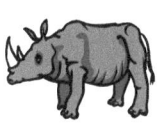

гарыла

gorila

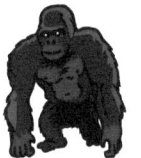

мядзведзь

oso

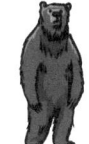

вярблюд

camello

стравус

avestruz

леў

león

малпа

mono

фламінга

flamingo

папугай

loro

белы мядзведзь

oso polar

пінгвін

pingüino

акула

tiburón

паўлін

pavo real

змяя

serpiente

кракадзіл

cocodrilo

наглядчык заапарка

guardián de zoológico

цюлень

foca

ягуар

jaguar

поні
poni

леапард
leopardo

бегемот
hipopótamo

жыраф
jirafa

арол
águila

дзік
jabalí

рыбак
pescado

чарапаха
tortuga

морж
morsa

ліса
zorro

газель
gacela

амерыканскі футбол
fútbol americano

веласпорт
ciclismo

тэніс
tenis

баскетбол
baloncesto

плаванне
natación

хакей з шайбай
hockey sobre hielo

бокс
boxeo

футбол
fútbol

бадмінтон
bádminton

лёгкая атлетыка
atletismo

гандбол
balonmano

горныя лыжы
esquí

пола
polo

дзейнасць
actividades

скакаць
saltar
абдымаць
abrazar
смяяцца
reír
ісці
caminar
спяваць
cantar
марыць
soñar
маліцца
rezar
цалаваць
besar

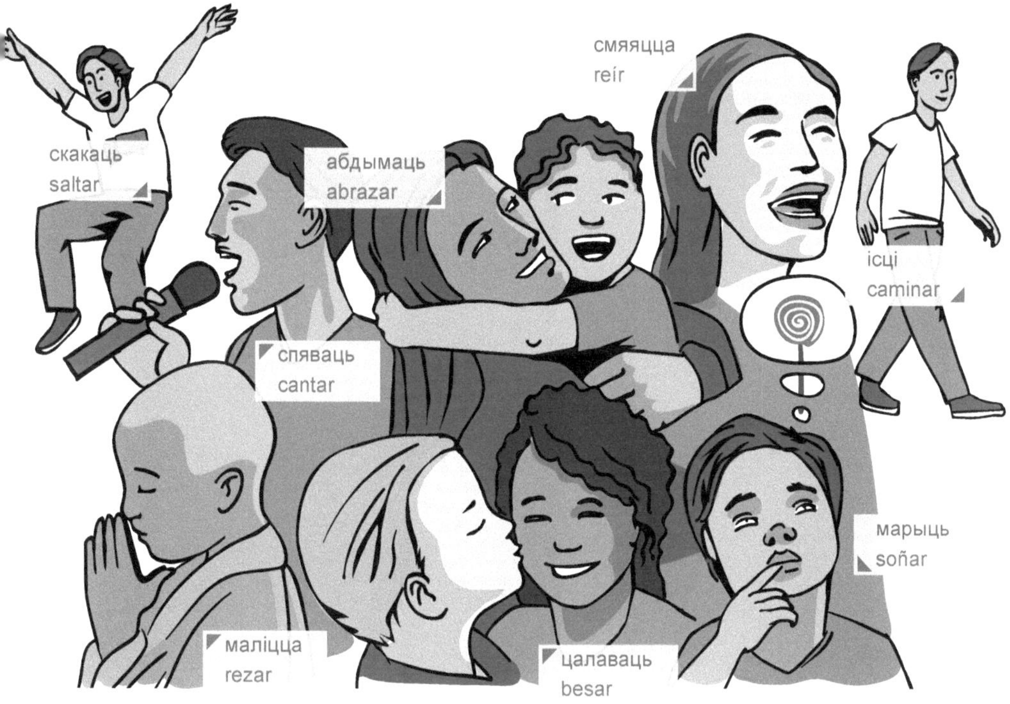

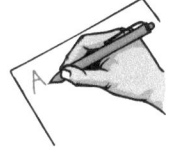

пісаць

escribir

маляваць

dibujar

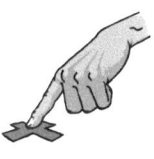

паказваць

mostrar

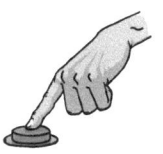

націснуць

empujar

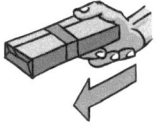

даваць

dar

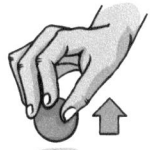

браць

tomar

маць

tener

выконваць

hacer

быць

ser

стаяць

estar de pie

бегчы

correr

цягнуць

tirar

кідаць

tirar

падаць

caer

ляжаць

yacer

чакаць

esperar

насіць

llevar

сядзець

estar sentado

апранацца

vestirse

спаць

dormir

прачынацца

despertar

глядзець

mirar

плакаць

llorar

лашчыць

acariciar

прычэсвацца

peinar

гаварыць

hablar

разумець

entender

пытаць

preguntar

чуць

escuchar

піць

beber

есці

comer

прыбіраць

ordenar

кахаць

amar

гатаваць

cocinar

ехаць

conducir

лятаць

volar

плаваць пад ветразем

navegar

лічыць

calcular

чытаць

leer

вучыць

aprender

працаваць

trabajar

уступаць у шлюб

casarse

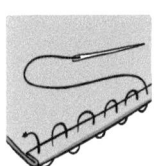

шыць

coser

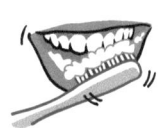

чысціць зубы

cepillarse los dientes

забіваць

matar

курыць

fumar

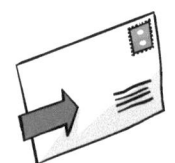

пасылаць

enviar

сям'я

familia

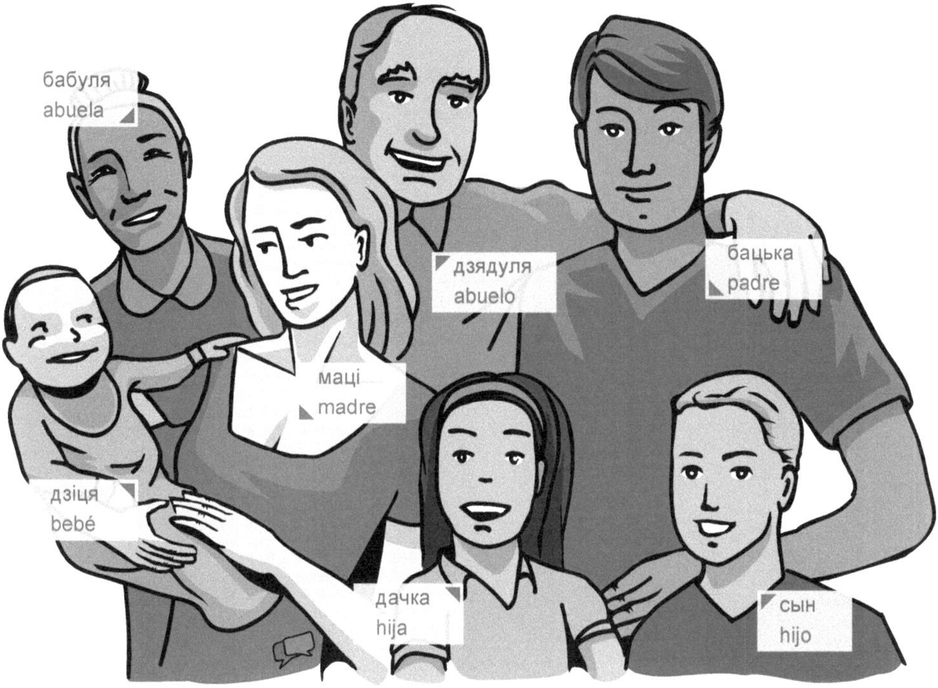

бабуля
abuela
дзядуля
abuelo
бацька
padre
маці
madre
дзіця
bebé
дачка
hija
сын
hijo

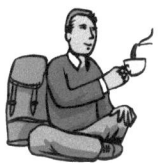

госць

invitado

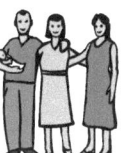

цётка

tía

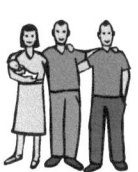

дзядзька

tío

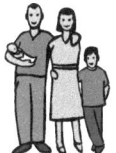

брат

hermano

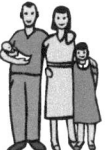

сястра

hermana

цела

cuerpo

лоб
frente
вока
ojo
плячо
hombro
палец
dedo
твар
cara
падбародак
barbilla
рука
mano
нага
pierna
грудзі
pecho
рука
brazo

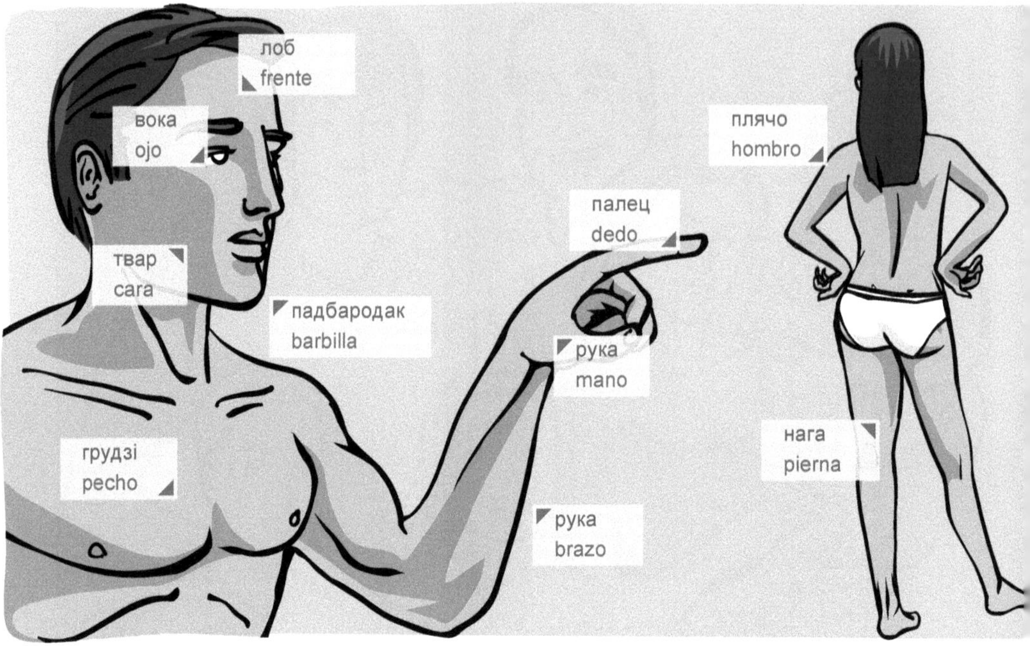

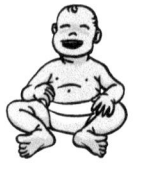

дзіця

bebé

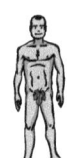

мужчына

hombre

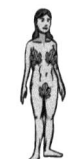

жанчына

mujer

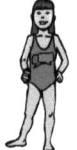

дзяўчынка

chica

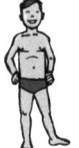

хлопчык

chico

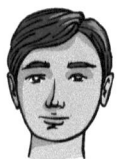

галава

cabeza

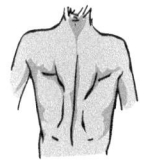

спіна

espalda

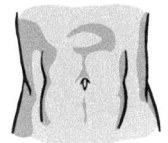

жывот

vientre

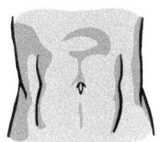

пуп

ombligo

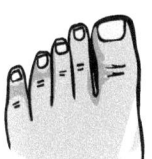

палец нагі

dedo del pie

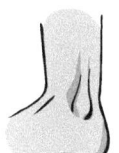

пятка

talón

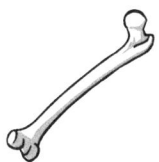

костка

hueso

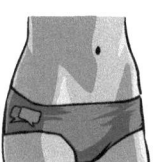

бядро

cadera

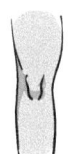

калена

rodilla

локаць

codo

нос

nariz

ягадзіца

trasero

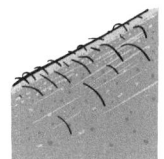

скура

piel

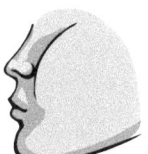

шчака

mejilla

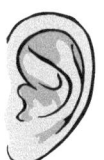

вуха

oído

губа

labio

рот
boca

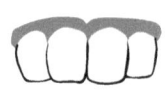

зуб
diente

язык
lengua

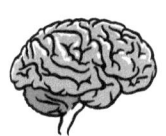

галаўны мозг
cerebro

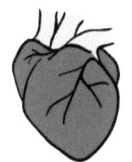

сэрца
corazón

мышца
músculo

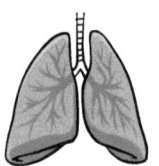

лёгкае
pulmón

пячонка
hígado

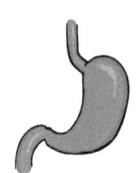

страўнік
estómago

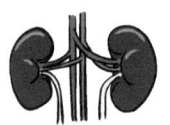

ныркі
riñones

сэкс
sexo

прэзерватыў
condón

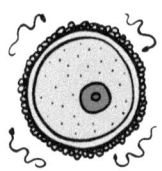

яйцаклетка
ovario

сперма
semen

цяжарнасць
embarazo

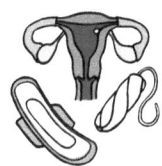

менструацыя

menstruación

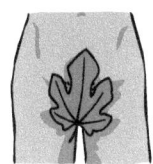

похва

vagina

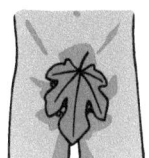

пеніс

pene

брыво

ceja

валасы

pelo

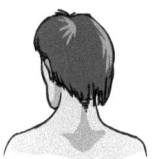

шыя

cuello

шпіталь

hospital

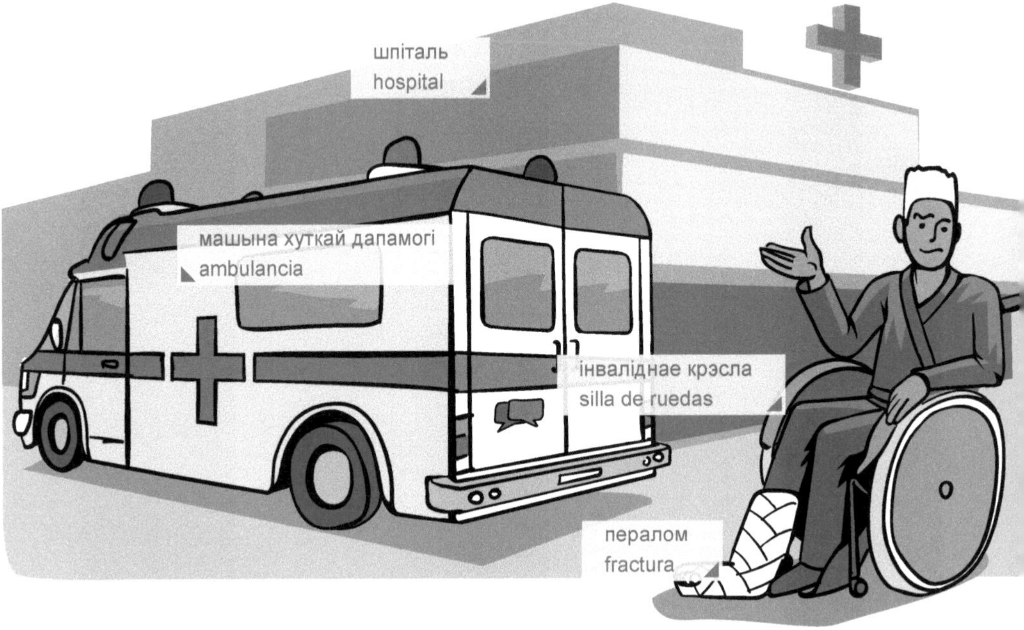

шпіталь
hospital
машына хуткай дапамогі
ambulancia
інваліднае крэсла
silla de ruedas
пералом
fractura

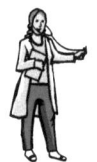

доктар

médico

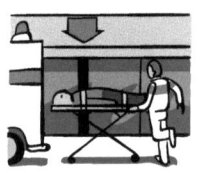

аддзяленне першай дапамогі

sala de urgencias

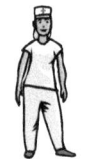

медсястра

enfermera

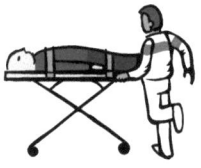

экстраная дапамога

urgencia

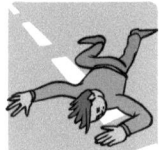

непрытомны

inconsciente

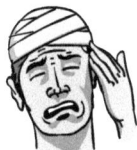

боль

dolor

траўма

lesión

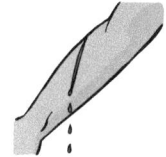

крывацёк

hemorragia

інфаркт

infarto

апаплексія

ictus

алергія

alergia

кашаль

tos

гарачка

fiebre

грып

gripe

панос

diarrea

галаўны боль

dolor de cabeza

рак

cáncer

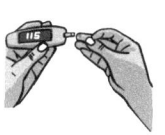

дыябет

diabetes

хірург

cirujano

скальпель

bisturi

аперацыя

operación

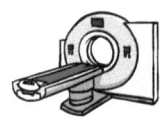

КТ

TAC

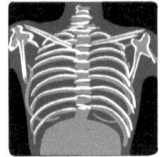

рэнтген

rayos x

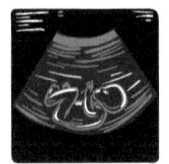

ультрагук

ultrasonido

маска

mascarilla

хвароба

enfermedad

пачакальня

sala de espera

мыліца

muleta

пластыр

tirita

бінт

venda

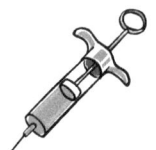

ін'екцыя

inyección

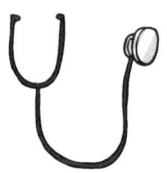

стэтаскоп

estetoscopio

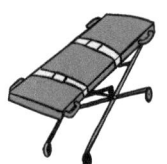

насілкі

camilla

градуснік

termómetro

нараджэнне

nacimiento

лішняя вага

sobrepeso

слухавы апарат

audífono

дэзінфекцыйны сродак

desinfectante

інфекцыя

infección

вірус

virus

ВІЧ/СНІД

VIH / SIDA

лекі

medicina

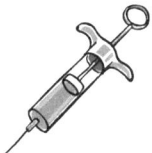

прышчэпка

vacunación

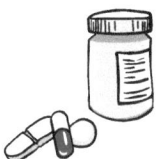

таблеткі

tabletas

супрацьзачаткавая таблетка

pastilla

экстраны выклік

llamada de urgencia

танометр

tensiómetro

хворы / здаровы

enfermo / sano

Ратуйце!

¡Socorro!

сігналізацыя

alarma

напад

asalto

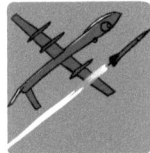

атака

ataque

небяспека

peligro

аварыйны выхад

salida de emergencia

Пажар!

¡Fuego!

вогнетушыцель

extintor de incendios

аварыя

accidente

аптэчка

botiquín de primeros auxilios

СОС

SOS

паліцыя

policía

Еўропа

Europa

Паўночная Амерыка

Norteamérica

Паўднёвая Амерыка

Sudamérica

Афрыка

África

Азія

Asia

Аўстралія

Australia

Атлантычны акіян

Atlántico

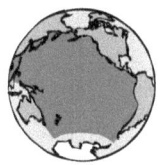

Ціхі акіян

Pacífico

Індыйскі акіян

Océano Índico

Паўднёвы ледавіты акіян

Océano Antártico

Паўночны ледавіты акіян

Océano Ártico

Паўночны полюс

polo norte

Паўднёвы полюс

polo sur

Антарктыда

Antártida

Зямля

tierra

краіна

tierra

мора

mar

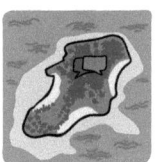

востраў

isla

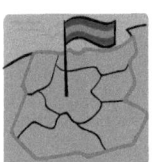

нацыя

nación

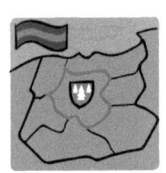

дзяржава

estado

цыферблат

esfera

гадзінная стрэлка

manecilla de las horas

хвілінная стрэлка

minutero

секундная стрэлка

segundero

Колькі часу?

¿Qué hora es?

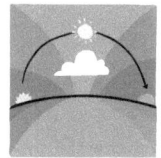

дзень

día

час

tiempo

зараз

ahora

электронны гадзіннік

reloj digital

хвіліна

minuto

гадзіна

hora

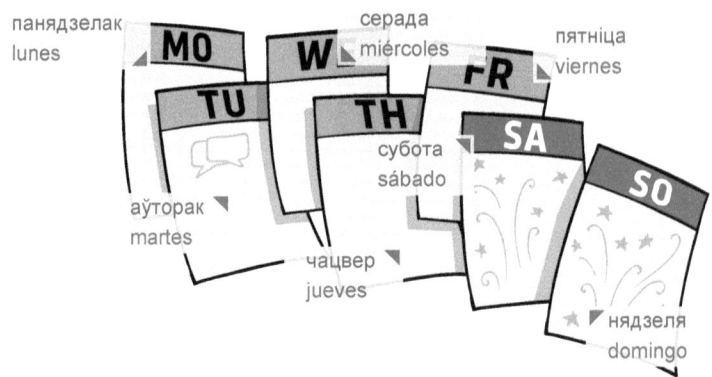

панядзелак
lunes

серада
miércoles

пятніца
viernes

аўторак
martes

чацвер
jueves

субота
sábado

нядзеля
domingo

ўчора
ayer

сёння
hoy

заўтра
mañana

раніца
mañana

абед
mediodía

вечар
tarde

MO	TU	WE	TH	FR	SA	SU
1	2	3	4	5	6	7
8	9	10	11	12	13	14
15	16	17	18	19	20	21
22	23	24	25	26	27	28
29	30	31	1	2	3	4

працоўныя дні
días laborables

MO	TU	WE	TH	FR	SA	SU
1	2	3	4	5	6	7
8	9	10	11	12	13	14
15	16	17	18	19	20	21
22	23	24	25	26	27	28
29	30	31	1	2	3	4

выхадныя
fin de semana

дождж
lluvia

вясёлка
arcoíris

снег
nieve

вецер
viento

вясна
primavera

восень
otoño

лета
verano

зіма
invierno

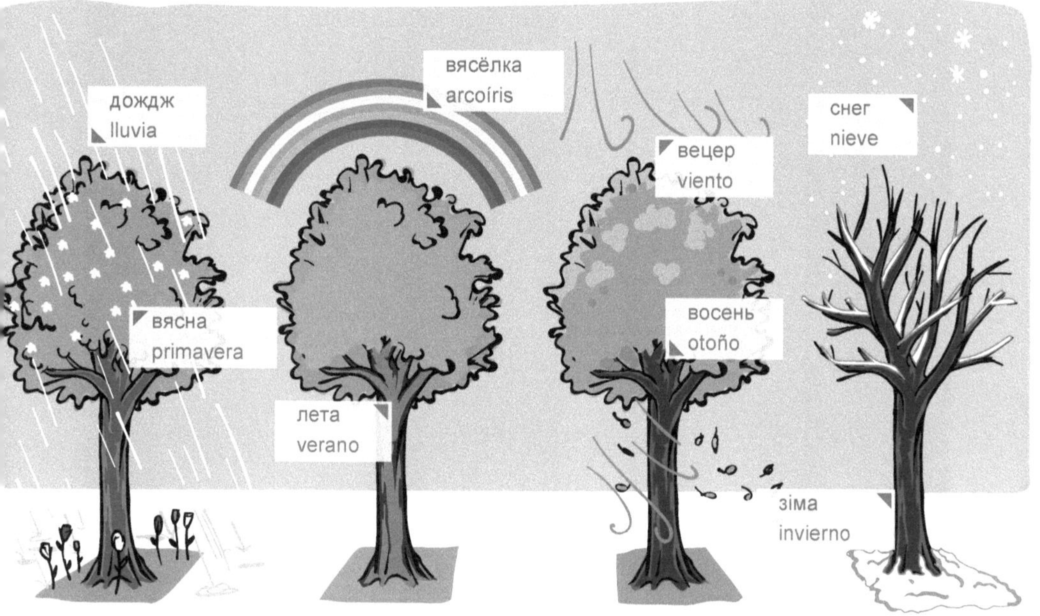

прагноз надвор'я

pronóstico del tiempo

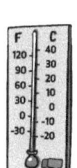

градуснік

termómetro

сонечнае святло

sol

воблака

nube

туман

niebla

вільготнасць паветра

humedad

маланка

rayo

гром

trueno

бура

tormenta

град

granizo

мусонны вецер

monzón

прыліў

inundación

лёд

hielo

студзень

enero

люты

febrero

сакавік

marzo

красавік

abril

май

mayo

чэрвень

junio

ліпень

julio

жнівень

agosto

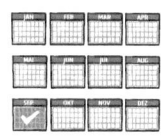

верасень

septiembre

кастрычнік

octubre

лістапад

noviembre

снежань

diciembre

формы

formas

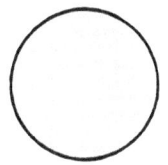

круг

círculo

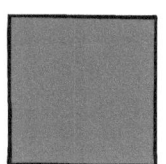

квадрат

cuadrado

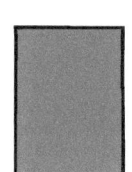

прамавугольнік

rectángulo

трохвугольнік

triángulo

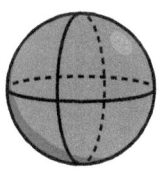

шар

esfera

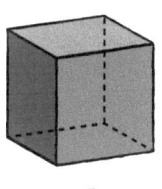

куб

cubo

колеры
colores

белы

blanco

жоўты

amarillo

аранжавы

anaranjado

ружовы

rosa

чырвоны

rojo

фіялетавы

morado

сіні

azul

зялёны

verde

карычневы

marrón

шэры

gris

чорны

negro

шмат / мала

mucho / poco

злы / добры

enojado / tranquilo

прыгожы / брыдкі

bonito / feo

пачатак / канец

principio / fin

высокі / малы

grande / pequeño

светлы / цёмны

claro / oscuro

сястра / брат

hermano / hermana

чысты / брудны

limpio / sucio

поўны / няпоўны

completo / incompleto

дзень / ноч

día / noche

мёртвы / жывы

muerto / vivo

шырокі / вузкі

ancho / estrecho

ядомы / неядомы

comestible / no comestible

злы / добры

malo / amable

узбуджаны / нудны

entusiasmado / aburrido

тоўсты / тонкі

gordo / delgado

першы / апошні

primero / último

сябар / вораг

amigo / enemigo

поўны / пусты

lleno / vacío

цвёрды / мяккі

duro / blando

важкі / лёгкі

pesado / ligero

голад / смага

hambre / sed

хворы / здаровы

enfermo / sano

нелегальны / легальны

ilegal / legal

разумны / дурны

inteligente / tonto

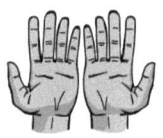

левы / правы

izquierda / derecha

побач / далёка

cerca / lejos

новы / былы ва ўжыванні

nuevo / usado

нічога / нешта

nada / algo

стары / малады

viejo / joven

укл / выкл

encendido / apagado

адчынены / зачынены

abierto / cerrado

ціхі / гучны

silencioso / ruidoso

багаты / бедны

rico / pobre

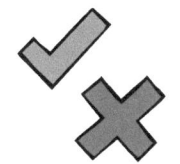

правільна / няправільна

correcto / incorrecto

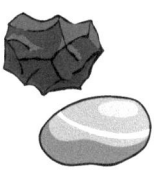

шурпаты / гладкі

áspero / suave

сумны / шчаслівы

triste / contento

кароткі / доўгі

corto / largo

павольны / хуткі

lento / rápido

вільготны / сухі

húmedo / seco

цёплы / халаднаваты

cálido / frío

вайна / мір

guerra / paz

0

нуль

cero

1

адзін

uno

2

два

dos

3

тры

tres

4

чатыры

cuatro

5

пяць

cinco

6

шэсць

seis

7

сем

siete

8

восем

ocho

9

дзевяць

nueve

10

дзесяць

diez

11

адзінаццаць

once

12

дванаццаць

doce

13

трынаццаць

trece

14

чатырнаццаць

catorce

15

пятнаццаць

quince

16

шаснаццаць

dieciséis

17

сямнаццаць

diecisiete

18

васямнаццаць

dieciocho

19

дзевятнаццаць

diecinueve

20

дваццаць

veinte

100

сто

cien

1.000

тысяча

mil

1.000.000

мільён

millón

лічбы - números

англійская

inglés

англійская (Амерыка)

inglés americano

кітайская мандарынская

chino mandarín

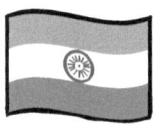

хіндзі

hindi

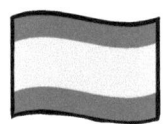

іспанская

español

французская

francés

арабская

árabe

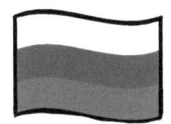

руская

ruso

партугальская

portugués

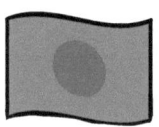

бенгальская

bengalí

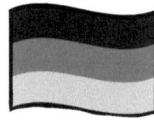

нямецкая

alemán

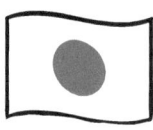

японская

japonés

я
yo

ты
tú

ён / яна / яно
él / ella / ello

мы
nosotros/as

вы
vosotros/as

яны
ellos/as

хто?
¿quién?

што?
¿qué?

як?
¿cómo?

дзе?
¿dónde?

калі?
¿cuándo?

імя
nombre

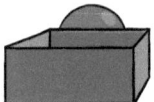

за

detrás

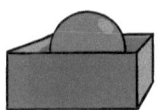

у

en

перад

delante de

над

por encima de

на

sobre

пад

debajo de

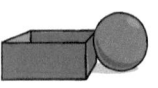

каля

junto a

паміж

entre

месца

lugar